Day and Night

Contents

Butterfly, moth........ 2

Blackbird, owl........ 4

Squirrel, bat........ 6

Chicken, fox........ 8

Day and night........ 10

Index........ 12

Day

When can you see a butterfly?

Night

When can you see a moth?

Day

When can you see a blackbird?

Night

When can you see an owl?

Day

When can you see a squirrel?

Night

When can you see a bat?

Day

When can you see a chicken?

Night

When can you see a fox?

Day

butterfly

blackbird

squirrel

chicken

Night

moth

owl

bat

fox

Index

 bat **7, 11**

 blackbird **4, 10**

 butterfly **2, 10**

 chicken **8, 10**

 fox **9, 11**

 moth **3, 11**

 owl **5, 11**

 squirrel **6, 10**